George Picot

Les Magistrats et la démocratie

Une épuration radicale

 Le code de la propriété intellectuelle du 1er juillet 1992 interdit en effet expressément la photocopie à usage collectif sans autorisation des ayants droit. Or, cette pratique s'est généralisée dans les établissements d'enseignement supérieur, provoquant une baisse brutale des achats de livres et de revues, au point que la possibilité même pour les auteurs de créer des œuvres nouvelles et de les faire éditer correctement est aujourd'hui menacée. En application de la loi du 11 mars 1957, il est interdit de reproduire intégralement ou partiellement le présent ouvrage, sur quelque support que ce soit, sans autorisation de l'Éditeur ou du Centre Français d'Exploitation du Droit de Copie , 20, rue Grands Augustins, 75006 Paris.

ISBN : 978-1539358886

10 9 8 7 6 5 4 3 2 1

George Picot

Les Magistrats et la démocratie

Une épuration radicale

Table de Matières

Introduction   6

Partie I   8

Partie II   16

Introduction

L'assaut livré à la magistrature ne peut laisser indifférents ceux qui ont souci de l'ordre matériel et de la sécurité publique. Seuls, les esprits légers croient la querelle vidée par une première épuration des juges. A les entendre, la justice, entravée jusque-là par bien des préjugés, a subi dans sa marche une secousse qui ne changera ni ses conditions ni son influence. Tout autre est, suivant nous, le caractère des faits. La crise ouverte depuis cinq années, et dont nous venons seulement de traverser une des phases, n'approche pas de son terme. Entre l'ordre judiciaire et les instincts démagogiques le conflit est permanent. Le peuple, dès qu'il exerce directement le pouvoir, cherche à asservir les juges. Partout il l'a tenté. En Amérique, les auteurs de la constitution ont fait en quelque sorte la part du feu : ils ont sacrifié la justice locale pour sauver la justice fédérale. En Suisse, les électeurs cherchent à dominer les tribunaux, que le bon sens de certains cantons dispute aux caprices des scrutins.

Cet antagonisme est d'autant plus grave que l'indépendance et la fermeté du juge, utiles sous tous les régimes, sont plus nécessaires encore sous une république. En effet, le désordre naît toujours de ceux qui, possédant la puissance matérielle, prétendent en abuser pour opprimer les droits des faibles. Lorsqu'elle vient d'un seul, la tyrannie révolte les âmes, et tous, tôt ou tard, se dressent contre elle. Sous la république, où la majorité qui obtient le pouvoir passe pour représenter la volonté du peuple, la foule ne s'indigne pas de la persécution ; elle est disposée à délaisser les victimes ; elle entend dire que tout se fait en son nom ; elle se sent souveraine et elle abuse de sa puissance. Qui peut redresser les abus, si ce n'est le corps chargé d'appliquer et de défendre les lois ? Les magistrats sont les protecteurs du droit contre la force. C'est à eux qu'il appartient de châtier les excès de pouvoir et de limiter la toute-puissance des démocraties triomphantes, en leur apprenant où expire l'autorité, où commence la tyrannie. Si les juges se laissent aller eux-mêmes aux caprices des factions, s'ils écoutent tantôt les injonctions des partis, tantôt les menaces des favoris de la foule, la société, qui repose sur le respect des droits, perd tout équilibre. Semblable à un vaisseau tout d'un coup privé de lest, qui ne sombre pas sur-le-champ, elle continue sa marche, les apparences demeurent les mêmes ; le calme fait quelque temps illusion : vienne la tempête, elle sera hors d'état de lutter et ne saura résister aux efforts du vent et des vagues.

Il faut avoir bien mal lu notre histoire ou se laisser aller à d'étranges illusions pour imaginer que nous ne reverrons ni agitations ni secousses. Parmi les enseignements que le passé nous a légués, il en est un qu'il est bon de méditer. Les révolutions dont notre pays s'est fait une si déplorable habitude ont eu, depuis le consulat, un caractère commun : elles n'ont atteint que nos institutions politiques. En 1830, en 1848, en 1852, en 1870, le titre du chef du pouvoir exécutif, les rouages législatifs ont été seuls changés. On laissait, d'une entente unanime, en dehors de toute atteinte les parties profondes, les ressorts essentiels et cachés du mécanisme social. Il y a depuis cinq ans en France une tendance toute nouvelle. Quelques-unes des institutions qui avaient été tenues six fois en dehors de la révolution, comme en un domaine réservé, sont aujourd'hui directement menacées- : le clergé, la magistrature et l'armée sont en butte à des efforts savamment combinés. D'autres ont parlé de la guerre antireligieuse, qui chez certains politiques tient lieu de programme et d'idées. Il est bon de s'arrêter en ce moment à l'attaque menée depuis 1879 contre la magistrature et de montrer, pièces en mains, ce qui s'est fait.

Le récit de la lutte n'est pas le seul intérêt. Il y a une moralité et des prévisions à tirer de cette étude. S'est-on demandé comment la France avait pu supporter depuis soixante-dix ans tant de troubles sans que la sécurité publique ou privée eût succombé parmi de si graves et de si soudaines tempêtes ? à quelle fonce secrète elle a obéi, quelle organisation intime l'a préservée ?

La société civile a été sauvée parce qu'elle avait dans son sein tout un système qui contribuait à en maintenir les différentes parties, rassurant les uns contre l'excès des convoitises, les autres contre l'abus de l'autorité, s'interposant entre les violences des plus forts et les souffrances des plus faibles, intervenant à propos pour empêcher les désordres, quelle que fût leur origine, et ne se lassant pas de contribuer à la marche progressive de la civilisation par la justice. De même que le droit gouverne tous les rapports entre les hommes, le juge est l'arbitre de tous les conflits. Sans sortir de sa sphère, il contribue à calmer les passions, à panser les blessures, à faire rentrer chacun dans le devoir. Il faut avoir vécu par l'étude en des temps, où les tribunaux ; étaient livrés à la partialité pour mesurer le mal que peuvent faire de mauvais juges. Notre génération n'a pas connu ce désordre. Puisse-t-elle ne pas apprendre ce qu'il entraîne à sa suite de troubles dans les esprits ! L'absence de justice, a rendu possibles des crimes privés, qui, dès 1790, ont été les avant-coureurs des crimes publics. Qu'on y prenne garde ! Depuis cent ans, malgré neuf révolutions, la société n'a sombré qu'une fois. Les révolutionnaires, tant de fois déçus dans leurs espérances, savent aujourd'hui et répètent qu'il faut désorganiser la justice pour préparer de longue main l'anarchie. C'est seulement alors, qu'elle devient irrémédiable. Depuis 1815, aucune de nos révolutions n'a connu ce désordre intime de la société, si différent du désordre politique, moins violent, mais plus durable et plus corrupteur que les émotions de la place publique. Dieu veuille que le travail commencé depuis cinq armées ne nous fasse pas voir des maux que nous ont épargnés les secousses cruelles, mais brèves, de nos révolutions contemporaines !

Partie I

De tous les discours qui ont donné le commentaire de la loi votée en août 1883 pour suspendre l'inamovibilité et livrer la magistrature à l'épuration, le plus ardent, le plus significatif fut prononcé par M. Madier de Montjau. Le député de Valence fit entendre un réquisitoire qui enflamma les passions de la chambre ; il montra la France, à peine relevée de ses désastres, s'adressant en suppliante à ses représentants et leur criant : « Délivrez-nous de nos magistrats ! » Il multiplia les imputations, fit à la charge des juges des récits odieux dont son enfance, disait-il, avait été bercée, et termina par une comparaison imprévue dans laquelle il mettait les magistrats au-dessous des forçats. La majorité couvrit l'orateur d'applaudissements. Le chef de la magistrature demeura muet à son banc.

Comment expliquer une telle passion ? Comment expliquer surtout le long retentissement de ce discours, qui a donné à toute la discussion sa couleur et sa portée ? Bien aveugle qui ne verrait dans ces explosions de colère qu'une déclamation oratoire. La haine de M. Madier de Montjau est profonde. Il soutient qu'à toute époque les juges se sont faits les vils complaisants du pouvoir et les dociles exécuteurs des besognes politiques. Il montre les cours prévôtales, les poursuites contre les républicains, la répression des troubles ; il porte la parole au nom de trois générations qui s'honorent d'avoir été des conspirateurs et des fauteurs d'émeute ; il est l'organe de ceux qui donnent le nom de Barbès à l'un de nos boulevards en attendant qu'ils lui élèvent une statue.

Voyons donc ce qu'il y a de fondé dans ce réquisitoire contre la justice. Il mérite que nous nous y arrêtions quelque temps. Nous pèserons mieux la valeur des accusations lorsque nous aurons suivi le rôle des magistrats depuis le premier empire jusqu'à nous. La magistrature française a une histoire qui ne se confond pas avec celle du gouvernement. C'est l'honneur et le péril des institutions d'avoir un rôle indépendant des faits généraux. Tandis que les simples fonctionnaires obéissent, que les agents de l'administration servent le pouvoir, en changeant, suivant les heures, de langage et de ton, que le silence ou la retraite sont les seuls moyens de marquer leur dissentiment, les magistrats qui sont investis de fonctions permanentes, sous les ministères et sous les régimes les plus dissemblables, ont des convictions et des traditions communes. Comme tous les despotismes, qu'ils se nomment césarisme ou démagogie, l'empire avait multiplié les épurations. Ce fut après la charte, quand les tribunaux eurent été reconstitués, que se formèrent l'esprit de corps et la tradition. La foule n'aime ni l'un ni l'autre ; elle leur donne aisément les noms détestés de caste et de privilège. Et cependant que deviendrait la société si chacun de ses groupes n'était pas soutenu et comme animé par l'esprit de corps ? Pour les militaires, c'est l'honneur du drapeau ; chez les comptables, c'est la probité ; chez les médecins, le dévouement. Pour qui a vécu au milieu des juges, le doute n'est pas possible : les habitudes judiciaires ont créé parmi eux des qualités et des mœurs spéciales ; elles les ont accoutumés de bonne heure à la réflexion, ont soumis tous leurs jugements à un examen préalable, les ont plies à l'impartialité et leur ont donné un esprit de désintéressement, d'intégrité que tous, amis ou adversaires, se

Partie I

sont plu à reconnaître. Sous la restauration, les magistrats, choisis avec soin de 1815 à 1818, étaient tous profondément royalistes. Ce n'est pas le fougueux député de Valence (s'il connaît l'histoire de sa famille) qui peut l'ignorer. Avec le temps, leurs opinions se sont modelées sur celles de la haute bourgeoisie. Relisez leurs arrêts avant et après le ministère Martignac. M. de Villèle, comme M. de Polignac, se plaignait de l'indépendance des cours, qui, à entendre les ultras, étaient remplies de bonapartistes et de libéraux. — Après la révolution de juillet, la magistrature, un instant ébranlée, avait reformé ses rangs et représentait exactement l'élite de cette classe de censitaires, puissante par l'intelligence, mais insuffisante par le nombre, qui gouvernait alors la France. En lutte avec un seul adversaire, le désordre, elle participait à l'œuvre du gouvernement en poursuivant les auteurs des émeutes et en les frappant sans pitié : entre les fauteurs des insurrections et le juge s'ouvrait une lutte qui ne devait pas cesser. Sur les bancs de la cour d'assises ou de la police correctionnelle, accusés ou prévenus déclaraient que les magistrats étaient tous carlistes. — Après l'explosion de 1848, les passions s'envenimèrent. En face de l'anarchie, les tribunaux devinrent avec les soldats le rempart de la société menacée et l'objet des haines révolutionnaires. Les insurgés de juin s'écrièrent que les magistrats étaient tous orléanistes. Singulier accord dans les griefs ! Tous ceux qui ont eu maille à partir avec la justice lui ont reproché de pactiser avec le régime tombé. Au fond, la magistrature n'appartenait pas à un parti politique, mais elle avait une passion. Oui, nous l'avouons, au lendemain de l'insurrection de juin comme au lendemain de la commune, elle avait horreur de l'anarchie. Quel est le radical qui peut l'en blâmer s'il est partisan sincère du jury ? En 1849, en 1871, le juge était exactement dans l'état d'esprit du juré sorti de la bourgeoisie et exprimant ses vœux. Par répugnance pour le désordre, elle se soumit, en 1852, au despotisme sans l'aimer. Elle avait accepté l'empire comme un fait ; elle accepta de même la république, se sentant presque également à l'aise sous les ministères de centre droit et de centre gauche, entre lesquels oscilla jusqu'en 1879 le gouvernement.

Depuis cinq ans, l'axe du pouvoir est entièrement déplacé. La direction des affaires appartient non plus au centre gauche, mais à la gauche seule. Il importe peu que certains hommes modérés d'origine et de langage aient figuré dans quelques-uns des cabinets formés par M. Grévy. La tendance générale, manifestée par l'amnistie, par la politique religieuse, par le relâchement des forces gouvernementales, par les alliances électorales, est une politique de pure gauche. La magistrature, issue de régimes et de ministères qui, tous, sans exception, avaient combattu le désordre, qui avaient tenu la main à la répression pénale, qui avaient refusé de transiger avec l'insurrection, la magistrature s'est trouvée toute dépaysée. Elle partagea les étonnements et les répugnances de la bourgeoisie, reçut comme elle les insultes, et, confondant son histoire avec les souvenirs de la classe moyenne, supporta les attaques sans grande surprise, jugeant assez naturel que les condamnés, leurs parents et leurs complices laissassent éclater de bruyantes colères contre les juges qui avaient prononcé les sentences.

A vraiment parler, la magistrature n'a pas soutenu, depuis quatre-vingts ans, d'autre lutte. Nous savons déjà ce qu'en pensent les conspirateurs et les insurgés. Voyons, en revanche, l'opinion de la masse des justiciables. Déjà nous pouvons mesurer leur confiance au petit nombre des arbitrages ; à ce premier indice s'ajoute le langage du barreau, qui, à toute époque, nous a fait connaître, par les voix les plus diverses, son sentiment de respect unanime envers les tribunaux. Allons plus loin et interrogeons les hommes nouveaux portés au sommet du pouvoir au lendemain de chaque révolution. Écoutons leurs jugements sur les magistrats de la veille. Quelles flétrissures ne s'attend-on pas à voir sortir de la bouche des ministres apportés par le flot populaire ? Or voici les paroles de M. Crémieux, en mai 1848, rendant un compte solennel des travaux du gouvernement provisoire : « Nos lois sont claires, dit-il ; nos juges en font une sage application et notre magistrature n'a, certes, aucun reproche à subir. » A la fin de l'empire, l'opinion de l'opposition était la même. En flétrissant comme ils le méritaient les magistrats politiques, M. Berryer constatait qu'ils étaient en petit nombre. En 1870, nul ne demandait le bouleversement de nos corps judiciaires. Après 1879, quel a été le langage des chefs de la magistrature ? Deux d'entre eux ont porté un jugement sur le personnel : M. Le Royer, en décembre 1879, après avoir fait des réserves en ce qui touchait la politique, a dit « qu'il défendrait toujours la magistrature au point de vue professionnel, car, à ses yeux, au point de vue de la capacité juridique, c'était la première magistrature du monde. » M. Goblet, à deux reprises, en novembre 1880 et en mai 1883, avait le courage de « déclarer que, malgré les efforts des pouvoirs qui avaient voulu les asservir, les magistrats étaient demeurés intègres et soucieux avant tout de leur devoir et de la loi. » Précieux témoignages émanés de sincères républicains et qui permettent d'affirmer que, ni en 1880, ni en 1883, la magistrature ne méritait une de ces mesures d'expédient, ressource extrême des pouvoirs violons ou faibles, qu'on nomme des lois d'exception ! Pour un gouvernement maître de sa volonté, la conduite à tenir vis-à-vis de la magistrature était toute tracée. Le renouvellement naturel des corps judiciaires assurait la transformation dans un délai assez court. Il suffisait de montrer quelque patience.

Cette vertu malheureusement n'appartient ni aux enfants, ni aux foules. La démocratie, qui est fort jeune, n'est pas patiente. Il n'y aurait que demi-mal si ses conseillers osaient lui tenir le langage qu'on tient aux enfants ; mais devant elle ils se taisent. C'est une reine que des courtisans seuls approchent et que les adulations enivrent.

Sous l'action lente du suffrage universel, les mœurs se sont transformées. Il est bon que nous pénétrions dans les couches nouvelles pour comprendre leur organisation politique et mesurer quelle était, à l'égard des juges, l'ardeur de leurs convoitises.

Il s'est formé dans les départements des groupes d'hommes plus remuants que la plupart, de leurs concitoyens, prêts à donner une part de leur temps aux affaires publiques, qui ont fait des élections leur mission principale ; réunis en comité dès qu'une élection s'annonce, ils préparent un programme, cherchent à l'imposer au candidat et multiplient les démarches pour asservir d'avance et pour faire triompher celui qu'ils patronnent. Ce qu'a souffert le candidat n'est rien à côté des humiliations qui attendent l'élu après le succès. Loin de croire sa tâche unie avec le scrutin, le comité, qui met la vigilance au premier rang de ses devoirs, se déclare en quelque sorte en permanence. Chacun de ses membres s'agite comme la mouche de la fable. Ils correspondent avec le député, l'accablent de sollicitations, lui demandent des faveurs de toute sorte, lui imposent les charges les plus singulières. N'est-il pas leur mandataire ? Et comment trouver étonnant que leur confiance soit allée jusqu'à l'envoi de titres pour en toucher sans frais les dividendes ? Ces missions extra-parlementaires ne seraient que lisibles si elles ne marquaient le trouble jeté dans les esprits et le rôle usurpé à la suite des élections par ces importons de nouvelle espèce qui tendent à devenir les tyrans de chaque canton. On a si bien répété depuis trente-cinq ans que le peuple était le souverain maître, le juge sans appel, que tout pouvoir et tout droit émanaient de lui, que, naturellement, ces influences locales sont devenues avec le temps la source d'ambitions illimitées. Les conseils municipaux se sont peu à peu remplis de ces politiques impatients qui contribuent à endetter les communes et à substituer la pire politique à l'administration prudente des affaires locales. Enhardis par leurs premiers succès, les plus audacieux ont franchi la porte des assemblées départementales pendant que les moins heureux gémissent de leur mauvaise fortune, en figurant pour la forme dans les sessions inutiles des conseils, d'arrondissement. En réalité, ces politiques, doués de plus d'activité que de bon sens, forment les cadres de l'armée du suffrage universel, ils en sont les sous-officiers, aspirant comme ceux-ci à monter en grade et comptant bien réussir à emporter un galon, non par un acte de bravoure, mais par quelque coup d'intrigue. On parlait à un député considérable, à l'un des chefs d'un des groupes de la chambre, de la politique qu'il suivait, en l'assurant que l'opinion publique n'en était pas satisfaite. « Qu'est-ce, s'écria-t-il, à vos yeux, que l'opinion publique ? Je l'ignore. Pour moi, je connais un ou deux hommes par village, actifs, peu aimés de leurs voisins, mais redoutés de tous, en lutte avec le curé, dominant le conseil. C'est pour eux que je gouverne. » Ce mot cynique et vrai peint la politique jacobine, il nous révèle le ressort secret qui met tout en mouvement sous nos yeux et qui fausse le régime parlementaire ; Si nous avons un gouvernement agité dans un pays tranquille, des députés avides d'incidents, préférant les discussions bruyantes aux plus utiles réformes, n'en cherchez pas ailleurs la cause. Les ministres obéissent aux députés, qui obéissent eux-mêmes aux « politiciens » de canton, abaissant leurs votes au niveau de ces influences subalternes mises en mouvement par les passions locales les plus étroites.

Dans cette marée montante de la médiocrité, que deviennent les fonctions modestes exercées avec indépendance en dehors de l'action politique ? Il est facile de le deviner. Depuis le simple agent des postes ou dépositaire des contributions indirectes jusqu'au président du tribunal, il n'est pas un emploi, pas une fonction que l'électeur influent n'estime la récompense légitime de ses services. Chacun se croit propre à tout. Les prétentions n'ont pas de limites, et comme les magistrats tiennent le haut du pavé dans les petites villes, que la durée de leurs fonctions, la considération qui les entoure, les ont placés fort au-dessus des agents de l'administration, il n'est pas « d'homme de loi, » comme on disait jadis, qui n'ait convoité, comme prix de la reconnaissance du député envers son électeur, une robe de magistrat pour son fils, s'il ne pouvait l'obtenir pour lui-même.

Par suite de ces appétits surexcités, ce n'est plus la même classe sociale qui a recherché les fonctions judiciaires, et ce changement s'est fait, non par un progrès lent et par une concurrence heureuse qui eussent été les résultats naturels du travail, de l'épargne et de l'instruction, mais par une brusque secousse qui a ouvert la porte aux ambitieux sans moyens et aux intrigants sans capacité.

Au lendemain de la chute de M. Dufaure, la magistrature allait donc traverser une crise redoutable. Pendant quinze mois, le garde des sceaux avait résisté aux efforts combinés des sénateurs et des députés ; s'étant borné à faire remonter sur leurs sièges les magistrats du parquet que l'esprit de parti en avait fait descendre, il s'était refusé à introduire la politique dans la magistrature. A ses yeux, la première vertu du magistrat était l'indépendance, la seconde était la science du jurisconsulte. Le moment allait venir où, comme en 1852, le dévouement et les services politiques seraient les seuls titres.

M. Dufaure avait institué un concours dont les heureux effets avaient, pendant trois ans, fourni aux parquets les esprits les plus vigoureux et les plus brillants. Telle était l'impatience des ambitieux, écartés par ce triage si favorable au talent, que le concours fut supprimé dès l'année 1879. On ne voulait plus s'astreindre à une règle, on se souciait peu du mérite. On fit entrer dans les tribunaux tous ceux que l'austère justice d'un garde des sceaux étranger aux habiletés politiques avait fait attendre.

Dès le mois de février 1879, les révocations commencèrent.

George Picot

Quinze procureurs-généraux ouvrirent la marche ; en quelques mois, un grand nombre d'avocats-généraux et leurs substituts furent destitués. Quatre cents procureurs de la république et substituts les suivirent. Les nominations judiciaires n'étaient plus inspirées que par une seule pensée : faire entrer dans les parquets le plus grand nombre d'hommes se disant dévoués à la république. A cet intérêt supérieur tout fut subordonné. On avait révoqué presque tous les magistrats nommés par M. Dufaure : ce n'était pas assez au gré de ses successeurs. Ils destituèrent des substituts nommés depuis 1879 par M. Le Royer ou par M. Humbert. Un exemple le fera sentir : il y a un ressort où l'on compte vingt-sept procureurs de la république et substituts. De février 1879 à juillet 1883, les révocations ou les démissions forcées se sont élevées à trente-sept ; c'est presque un personnel et demi qu'a consommé en quatre ans l'esprit de parti.[1]

La magistrature des parquets était composée jusqu'alors d'hommes instruits, indépendants, aspirant à vivre avec honneur dans le milieu modeste où le plus souvent leur père avait acquis la considération, en attendant qu'avec les années écoulées ils pussent s'asseoir, comme par une sorte d'héritage, sur les sièges de la cour. La campagne des décrets rendus contre les congrégations, en troublant les consciences, altérait les notions du droit et changeait le rôle du ministère public. « La plume est serve, mais la parole est libre, » disaient fièrement nos anciens magistrats. Que devient la liberté de la parole si les gens des parquets sont appelés à diriger des expéditions dans lesquelles les exécutions *manu militari* précèdent les arrêts et souvent les contredisent ? Il y avait une grande question de droit à faire juger sur toute l'étendue de la France. On a préféré la soustraire à la justice, et, pour donner une apparence de sanction à des ordres administratifs et politiques qui en étaient dépourvus, on a mis en mouvement les magistrats amovibles. Étrange et fatale interversion des rôles qui a jeté le désarroi dans les esprits et qui a chassé en une seule année des rangs des parquets le tiers des magistrats qui les composaient.

---

1 Pour savoir exactement quel a été le renouvellement du personnel judiciaire du 9 février 1879 au 31 décembre 1882, nous avons fait un pointage qui donne pour les cours : magistrats inamovibles, 237 remplacés ou déplacés sur 739. Parquets, 198 sur 263. — Pour les tribunaux : magistrats inamovibles, 745 sur 1,742. Parquets, 1,565 sur 1,886. Juges de paix, 2,536 sur 2,941.

Partie I

En résumé, la campagne de quatre années avait réussi. Tout avait été fait pour creuser en certaines cours un abîme entre les deux magistratures : l'une, armée en guerre, prête à abuser de sa force, la menace à la bouche, faisant grand bruit de son influence et invoquant sans cesse le garde des sceaux, se servant en certaines cours de toutes les circonstances solennelles ou privées pour infliger des avanies ou donner des leçons aux magistrats inamovibles ; l'autre, opposant à ces excitations la force d'inertie, les plus anciens faisant effort pour conserver le calme et, ce qui était plus difficile, pour apaiser les colères des plus jeunes.

Au milieu de ces épreuves, bien plus que dans les temps prospères, la magistrature se montrait vraiment digne de son passé. « Et dans quelle situation, ainsi que le faisait remarquer M. Jules Simon au sénat, quand, depuis trois ans, tous les jours, elle est injuriée dans les journaux, dans les chambres ! quand elle est tous les jours menacée ! quand elle est sur le point d'être décimée ! Dans cette incertitude, ayant perdu la sécurité de sa situation, ayant perdu cet ensemble d'honneurs qui lui étaient jusqu'ici rendus spontanément par toutes les consciences, attaquée, menacée, sur le point de périr, elle restait impassible. »

A qui était due cette véritable anarchie ? Seul, le gouvernement en était responsable. Il avait créé à son image la moitié du personnel. Il pouvait d'un mot, par des instructions sages, apaiser les ardeurs de ses procureurs-généraux. Il préféra poursuivre son œuvre, et, sous prétexte de rétablir l'harmonie qu'il s'était lui-même appliqué à détruire, il imagina une loi qui livrerait à l'arbitraire ceux qui étaient défendus jusque-là par l'inamovibilité.

Partie II

Malgré l'audace dont un ministre de la justice de notre temps avait prétendu retrouver lai tradition en s'asseyant sur le fauteuil de Danton, aucun garde des sceaux n'osa proposer au parlement une loi en trois articles qui lui permît d'exclure des tribunaux les magistrats dont la présence le gênait. Il fallait colorer cette mesure, la déguiser habilement et lui donner à tout prix l'apparence du bien public.

George Picot

Assurément il était malaisé d'amener les esprits sages à ce sacrifice. L'inamovibilité n'est certes pas un dogme, elle n'est pas un principe supérieur et absolu. C'est le meilleur moyen qui ait été jusqu'ici découvert de garantir les justiciables contre la pression du pouvoir. Mais elle n'a cette vertu que si le juge, qu'il s'agit d'affranchir de tout souci lorsqu'il rend la justice, peut l'opposer au gouvernement qui le sollicite ou le menace. Or, depuis 1870, l'inamovibilité avait été à l'abri de toute attaque. La seule atteinte que le gouvernement de Bordeaux lui avait portée avait provoqué une réaction qui ne laissait aucun doute sur le respect public. Ni les projets déposés, ni le langage des orateurs de la gauche ne permettaient d'entrevoir un plan de réinvestiture judiciaire. En 1879, lorsque M. Grévy entrait à l'Elysée, on n'avait encore réclamé que l'épuration des parquets et nul. n'avait osé s'attaquer aux juges. Aussi l'émotion fut-elle vive quand, le 22 mars 1879, MM. Floquet, Clemenceau et Madier de Montjau déposèrent au nom de l'extrême gauche une proposition tendant à accorder au gouvernement le droit de conférer dans les trois mois aux magistrats une nouvelle investiture. Le coup porté, les auteurs du projet n'eurent garde de presser la discussion : ils se servirent habilement de la presse pour habituer le public à ces idées, jusque-là si nouvelles, de violences légales. Pendant plusieurs mois, les journaux menèrent une campagne d'attaque contre les magistrats. Tout leur fut permis. Le gouvernement demeura impassible ; les ministres répétaient, il est vrai, que l'inamovibilité n'avait rien à craindre ; mais on se souvient qu'à la même époque ils promettaient que l'amnistie ne serait que partielle. Les deux engagements étaient d'égale valeur et ils eurent un sort semblable. Après neuf mois de critiques acerbes, de diffamations et de calomnies, la discussion s'ouvrit.

Ce qui avait semblé une témérité en mars 1879 parut tout naturel en janvier 1880. La chambre vit éclore de toutes parts les projets les plus divers, d'accord en un point seulement, la suspension de l'inamovibilité.

Les auteurs des propositions essayaient bien de parler de réformes, nul ne les écoutait. Destituer des juges, tel était le seul intérêt. Pendant trois ans, les faiseurs de projets essayèrent de persuader à la chambre qu'il convenait de dissimuler derrière un changement dans l'organisation judiciaire la brutalité de l'épuration ; ils échouèrent tour à tour. Il n'y aurait nul intérêt à démêler ici l'écheveau confus de ces propositions. En février 1883, le gouvernement eut le triste courage de recommencer cette campagne. Il s'avisa de chercher au hasard un certain nombre de mesures, d'élever la compétence des juges de paix, de créer des assises correctionnelles, de réduire le nombre des conseillers nécessaires pour rendre un arrêt, de diminuer le nombre des classes de tribunaux, de supprimer quelques chambres, d'augmenter les traitements et de créer un conseil supérieur de la magistrature. Derrière cette longue série de modifications, qui formaient une sorte de rideau, se dissimulait la réduction du personnel. Le voile fut promptement déchiré : la chambre s'en chargea assez lestement. Dès le début de son examen, la commission obtint du ministère une disjonction des lois. Elle alléguait le dessein de diminuer les obstacles ; en réalité, elle courait au plus pressé. Le projet fut allégé de tout ce qui ne tendait pas à l'unique mesure poursuivie, à la réduction du personnel. « Une réforme est irréalisable avec cette chambre, répétaient les députés. Détachons quelques articles, obtenons du sénat l'épuration du personnel et nous pourrons attendre. » Tout ce qui avait servi à déguiser le projet fut ajourné ; les batteries furent démasquées, et, au mois de mai 1883, lorsque la discussion s'ouvrit, il était facile de voir que l'intérêt électoral allait primer toute autre préoccupation. Les motifs de la loi étaient d'un tel ordre que nul n'osa les exposer ouvertement. Cette équivoque risqua de compromettre l'œuvre. Des rangs du radicalisme comme de la gauche s'élevaient des voix qui attaquaient moins la mesure en elle-même que son insuffisance et le défaut de logique du projet. M. Martin-Feuillée s'attacha à les gagner par ses concessions ; il affaiblit tout ce qui avait trait à l'inamovibilité ; il écouta sans protester les paroles outrageantes de M. Madier de Montjau. Il fit si bien que la gauche se rallia lors du vote. Cependant la droite et l'extrême gauche n'étaient pas seules à faire entendre leurs voix. M. Goblet dénonçait, comme un acte révolutionnaire l'expédient qui allait ébranler les fondements mêmes de la justice, ruiner le respect et la confiance qu'elle doit inspirer à tous ; il reconnaissait qu'il y avait encore des magistrats non républicains, mais soutenait qu'il fallait attendre leur conversion du temps et non d'une politique qui consistait à tenir la menace de la révocation suspendue sur leur

George Picot

tête. M. Ribot ne laissa debout aucun des sophismes accumulés par les partisans du projet. Il démontra définitivement qu'on faisait une loi d'expédient, qu'on obéissait à des passions tout au plus excusables au lendemain d'une révolution, que l'esprit de gouvernement consistait à refouler ces appétits de la première heure, que le ministère, loin de faire acte d'énergie, se laissait aller au courant de faiblesse qui l'emportait : « Il y a une chose, dit-il, que les majorités n'ont pas le droit de faire, c'est de mettre la main sur la justice. » Et il termina par ce mot, qui résume tout son discours : « L'existence d'une magistrature indépendante, ne l'oubliez pas, messieurs, c'est une liberté publique. » Lorsque la loi sortit du Palais-Bourbon, on put dire qu'elle avait été votée mais non défendue. Un homme d'esprit en fit le résumé d'un mot : « On vient de décréter la justice inamovible avec trois mois de pillage. »

La discussion qui se poursuivit du 19 mars au 31 juillet fut une des plus belles qu'ait entendues le sénat. Tous ceux dont l'éloquence honore la tribune de la chambre haute y parurent tour à tour ; mais, s'élevant au-dessus de tous, M. Jules Simon peignit en des traits ineffaçables la politique de ceux qui ne connaissent d'autre manière de gouverner le peuple que d'être aux ordres de l'opinion courante à mesure qu'elle se produit. Il montra comment on fait des agitations factices, comment on crée des désirs populaires, comment se préparent des lois d'expédient enfantées par l'audace des uns et par la faiblesse des autres. Il rendit éclatant à tous les yeux le péril d'une loi qui, sous prétexte de rétablir l'harmonie entre les pouvoirs publics, donnait comme un regain de révolution après treize ans de calme et créait un précédent à la faveur duquel tout gouvernement serait en droit de changer le personnel, non plus seulement après une révolution, mais même à chaque évolution de majorité. La démonstration était faite : on sentait, avec l'orateur que la loi était « fatale à la justice, fatale à l'honneur de la France. » Ce n'est pas ici le lieu de reprendre page par page un débat dans lequel on entendit M. Allou apporter le poids de son éloquent témoignage en faveur dos juges devant lesquels sa vie s'était écoulée, rappeler ses luttes, ses succès ou ses déceptions et déclarer qu'après avoir vu les magistrats à l'œuvre pendant quarante années, il pouvait affirmer que c'était à leur honnêteté, à leur droiture qu'était dû le respect de la chose jugée, plus profond en France qu'en aucun pays du monde.

La discussion du sénat ne fut pas seulement brillante, mais elle eut des résultats féconds. La commission avait sur plusieurs points corrigé l'œuvre hâtive et passionnée de la Chambre. Elle augmenta le nombre des conseillers qui avait été réduit au-dessous du strict nécessaire ; les petits tribunaux dont la suppression avait été votée sans précautions suffisantes furent maintenus ; enfin, ce qui était capital, le droit accordé au ministère par la chambre d'évincer tous les membres des cours et tribunaux pour les remplacer par un personnel entièrement nouveau fut refusé par le sénat, qui interdit au gouvernement d'opérer un nombre d'éliminations supérieur à celui des sièges supprimés, l'obligeant ainsi à reconstituer les tribunaux à l'aide d'éléments empruntés à l'ancien personnel.

En ce sens et dans cette limite, les efforts des sénateurs qui luttèrent en faveur de l'inamovibilité avec MM. Jouin, Bardoux, Bérenger, ne furent ni vains ni inutiles. Suivant la belle expression de M. Jules Simon, « des deux passions qui ont assailli la magistrature, la vengeance et l'appétit des places, il y en a une, l'appétit, qui ne trouvera pas son aliment. » En sortant de la chambre, le projet avait livré au garde des sceaux le sort de 2,447 magistrats inamovibles au profit d'autant de candidats. Grâce à l'intervention du sénat, nul candidat ne pouvait désormais entrer dans les rangs, et au lieu de 857 sièges dont la suppression avait été votée, la réduction portait seulement sur 614.

Les discussions de la chambre et du sénat avaient eu un profond retentissement dans le sein des compagnies judiciaires. En lisant les discours du Palais-Bourbon et du Luxembourg, les magistrats voyaient s'approcher l'heure où ils tomberaient victimes de la loi ; les dénonciations dont ils se sentaient entourés rencontraient chez eux plus de mépris que de colère. Soutenus par le sentiment de leur devoir, tristes et résignés, la plupart regardaient venir d'une âme ferme un châtiment qu'ils savaient n'avoir pas mérité. Ce silence étonnait la chancellerie, qui s'était attendue à voir les sollicitations fondre sur elle, les antichambres envahies : il n'en fut rien. Fort peu de magistrats cherchèrent à détourner les coups, et le nombre fut très restreint de ceux qui se préparèrent à profiter des mouvements pour avancer.

George Picot

Cette attitude passive déjouait les projets du ministère. Tout autres avaient été ses prévisions. Il avait espéré qu'à la suite du vote de la loi, il y aurait une explosion de découragement, et que de toutes parts les plus menacés chercheraient une satisfaction éclatante dans l'envoi subit de leur démission. La chancellerie aurait eu ainsi un grand nombre de places à donner. Dès que la loi eut été votée, on fit en ce sens les efforts les plus énergiques. Les procureurs généraux multiplièrent les démarches directes ou indirectes, mettant à profit le retard de la promulgation, mais les magistrats furent sourds à toutes les insinuations.

Ce n'était pas seulement une déception pour les bureaux de la chancellerie. Les sénateurs et les députés qui avaient voté la loi, les ministres qui l'avaient soutenue, comptaient un certain nombre de créatures qu'il fallait faire entrer dans la carrière judiciaire. Comment les y introduire, puisque le sénat avait pris ses précautions contre l'intrusion d'éléments étrangers en décidant que les magistrats seuls prendraient part aux mouvements ? On s'avisa que certains sièges avaient été supprimés de fait depuis longtemps et qu'on pourrait y faire des nominations fictives, sauf à les annuler par la suite. Qui songerait à critiquer ce tour de passe-passe ? Au milieu d'interminables décrets ne glisserait-il pas inaperçu ? Le temps pressait ; il fallait se hâter. Encore quelques heures et les trente jours accordés par les lois constitutionnelles pour la promulgation allaient expirée. Les démissions toujours espérées n'arrivaient pas. On se décida à nommer aux sièges supprimés. Un exemple fera comprendre tout l'art de la combinaison.

Supposons que quelque avoué, ayant rendu des services à un personnage politique, eût l'ambition de devenir président à Lorient ou à Quimperlé. La nomination d'emblée semble excessive. On cherche un poste de juge, on a peine à trouver une vacance. Enfin, le 27 août, l'officier ministériel est nommé « juge à Coutances, en remplacement de M. Leloup, décédé. » En apparence, rien de plus légitime. Mais que penser, si, après quelques recherches, l'on apprend successivement que M. Leloup est décédé le 17 juillet 1878, que M. Dufaure ne l'a pas remplacé à dessein, afin de réduite le personnel, que le traitement de ce siège, demeuré vacant depuis plus de cinq ans, a disparu au budget, qu'il n'y a plus de fonds affectés au paiement, que la chancellerie le sait si bien qu'elle n'a pas essayé de faire installer le juge nommé, que ce magistrat fictif n'a pas même eu la pensée de se rendre à Coutances et que les habitants de Lorient ont été les seuls à croire, le 26 septembre 1883, que, pour présider leur tribunal, il leur arrivait un jurisconsulte de Basse-Normandie ?

Le moyen parut bon : à Bayeux, à Guéret, à Lisieux, dans plusieurs autres villes, on a retrouvé les anciennes suppressions fort sagement opérées par extinction (c'était le mode honnête de réforme judiciaire) et on s'en est servi sans scrupules pour déposer, durant quelques semaines, les gens en appétit de places. Il n'y avait pas une heure à perdre ; si on avait attendu la promulgation de la loi, les sièges supprimés de fait depuis quelques années eussent été supprimés en droit. La réforme se fût accomplie *ipso facto*, sans bruit, et d'elle-même. Mais les auteurs de la loi pensaient qu'une mesure de ce genre n'est pas vraiment exécutée quand personne n'en profite.

On avait donc tiré bon parti des délais qu'accorde la loi constitutionnelle. Après avoir ajourné de trente jours la promulgation d'une loi dont l'urgence avait été réclamée à grand bruit, on avait réussi, en pressant les retraites, en sollicitant des démissions, en multipliant les combinaisons savantes, à faire entrer dans la magistrature trente-trois étrangers qui n'allaient pas tarder à franchir de nouvelles étapes.

Au moment où le garde des sceaux voyait s'ouvrir devant lui la tâche d'exécuter la loi judiciaire, l'embarras était grand. Il avait bien six cent quatorze magistrats à éliminer, mais les dénonciations s'étaient multipliées et accumulées de toutes parts. La lutte engagée depuis trois ans contre les congrégations avait mis au premier rang des griefs l'accusation de cléricalisme. L'expression fit fortune, elle était commode et vague ; l'esprit de parti s'en empara. Ce mot bizarre ne signifiait pas seulement une subordination des devoirs professionnels aux idées religieuses : réservée d'abord aux catholiques militants, étendue aux protestants orthodoxes, l'accusation finit par atteindre toute conviction profonde servant de point d'appui à quelque indépendance de caractère. Il y a en France plus d'un clérical qui ne va pas à la messe, mais aucun d'eux ne va de bonne grâce à la préfecture. C'est là, en province, qu'est en effet le nœud de toutes les questions. Plus le terrain se rétrécit et plus les froissements prennent d'importance. A Paris, nous ne pouvons-nous figurer les suites d'un salut oublié. Dans les petites villes, tout est grossi, et des haines de longue durée ont pour point de départ des faits insignifiants. L'opinion politique y a bien moins d'action que les relations de personnes. Rarement vous entendez dire que tel conseiller, tel juge est bonapartiste ou légitimiste : il est clérical, dira-t-on, et il refuse de saluer le procureur-général. Allez au fond de ces griefs et vous trouverez un état social très digne d'observation. Dans la plupart des villes, les magistrats sont entrés, par leurs alliances, par leur long séjour dans la contrée, par la dignité reconnue de leur vie, dans ce qu'on appelle en certaines provinces, la vieille société. Nous ne parlons pas ici de la société légitimiste, de la noblesse, qui avait sous la restauration quelques représentants dans la magistrature, mais de ces vieilles bourgeoisies locales qui sont l'honneur même des provinces. Telle famille compte trois ou quatre générations successives de magistrats. Ceux qui les représentent, loin de fermer leurs rangs, accueillent les nouveau-venus, mais à la condition que ceux-ci ne rompent pas en visière aux traditions sociales.

S'ils se plaisent à heurter ces habitudes d'esprit, le vide se fera autour d'eux. Le silence et la solitude seront leur leçon. On dira : M Le procureur-général ne voit personne ; il ne rencontre les magistrats qu'à l'audience. » Ce qui signifie que les magistrats inamovibles font corps avec la société, vivent avec elle en pleine harmonie, et que le chef du parquet est entré, dès le début, en lutte publique avec ce qu'il a appelé, dans ses rapports au garde des sceaux, une coterie cléricale. Supposez ce que peuvent être, dans une ville où les rencontres sont de chaque jour, où les promenades rapprochent aux mêmes heures, des relations difficiles que la malignité de deux partis s'applique à aigrir. Ajoutez surtout à ces tiraillements la perspective d'une loi d'épuration discutée pendant quatre ans. En temps ordinaire, entre le magistrat inamovible et le substitut, la brouille, étant sans issue, se terminait toujours par un raccommodement. Cette fois, le parquet se sentait le maître et s'apprêtait à vider un long arriéré de rancunes. La menace d'une suspension de l'inamovibilité, loin donc d'apaiser le feu, ne cessait de l'entretenir. Que de ménages supportables deviendraient un enfer si l'un des époux se croyait sûr que le divorce dût être voté le

Partie II

lendemain !

Ainsi, l'accusation vague de cléricalisme, les relations et les parentés politiques, les querelles personnelles les plus mesquines, une série de petits faits devenus de gros griefs, et, par-dessus tout, la rupture de la société demeurée fidèle aux vieux corps judiciaires et des magistrats du parquet envoyés dans les provinces comme une avant-garde pour recueillir les dénonciations et préparer l'exécution de la loi : voilà les prétextes accumulés dans les rapports qui s'amoncelaient en août sur la table du garde des sceaux.

Au milieu de ces misérables délations qui s'entre-croisaient et allaient atteindre plus de la moitié du personnel, la chancellerie était forcée de faire un choix. Elle prit le parti qui convient le mieux aux ministres lorsqu'ils sont plus faibles que violents : elle suivit ceux qui parlaient le plus haut. Dans le concert de récriminations, les députés se faisaient les organes des comités dont les anciennes rancunes remontaient aux campagnes électorales de 1877. Il semblait qu'en plus d'un arrondissement le député eût une querelle personnelle à vider avec le président du siège et que le vote de la loi n'eût eu d'autre but que de le débarrasser d'un antagoniste. Quelle que fût leur insistance, la presse élevait la voix encore plus haut. Les feuilles radicales avaient déjà préparé et ameuté la foule ; il s'agissait maintenant d'une autre besogne : il fallait peser sur les bureaux du ministère. Toute la bande des dénonciateurs s'y employa. Il n'y eut pas de feuille anarchiste qui n'offrît ses services et ses calomnies au cabinet. Que les journaux favorables au ministère eussent pris part à une œuvre dont le cabinet avait revendiqué la responsabilité, nul n'en eût été surpris. L'action de la presse n'a rien qui nous effraie ; mais qu'à une heure donnée les feuilles d'extrême gauche, celles qui représentent les plus violents du conseil municipal de Paris, se soient trouvées les auxiliaires et les confidents des bureaux de la chancellerie, il y a là un fait étrange qui prouve dans quel camp le cabinet recrute ses alliés. Non-seulement l'outrage aux magistrats, délit que punit la loi pénale, remplit les colonnes des journaux ; mais chaque diffamation, chaque injure reçoit sa récompense. Ici on lit les noms des « personnages à expulser de la magistrature, » là on signale au garde des sceaux le « faussaire » qui préside le tribunal de Mont-de-Marsan. Comme un docile écho, *l'Officiel* enregistre régulièrement les noms des magistrats dénoncés ; mais certaines vengeances tardent trop au gré des rédacteurs. On leur a accordé le président : « C'est fort bien, disent-ils, dans des articles brefs comme des sommations, c'est un commencement d'exécution. Il reste à compléter le balayage par l'exécution des quatre juges faux témoins. Nous espérons bien voir ces quatre noms figurer au prochain mouvement à *l'Officiel*. » Huit jours après, la révocation était faite, et le journal adressait ses remerciements au ministre. Noms propres et injures remplissent les colonnes. Tel conseiller est « prévaricateur ; » à tel autre il est dû « un avancement qui consiste à le sortir du prétoire pour le mettre dans la rue. » L'insolence croît avec le succès : « Allons, monsieur le garde des sceaux, écrivent-ils, un coup de balai par là, c'est l'instant ! c'est le moment ! » Et M. Martin-Feuillée obéit. S'il tarde, on l'injurie : « Voilà le ministre qui capitule, écrit-on le 12 octobre. Allons ! monsieur le garde des sceaux, il faut revenir à Clermont avec le balai de Mont-de-Marsan et de Pau ! » Et M. Martin-Feuillée contresigne un décret qui répare une à une ses premières faiblesses. Entre des exigences nouvelles et des remerciements, on peut lire les appels à l'ignoble manifestation de la gare du Nord. La chancellerie puise ses inspirations dans les feuilles qui cherchent à déshonorer la France.

C'est le malheur et la suite nécessaire d'une loi de haine que le ministre chargé de l'exécuter soit le prisonnier des partis extrêmes. Il a pu rêver un instant et promettre à la légère un examen attentif des dossiers, une enquête consciencieuse, des rapports spéciaux. Pour réfuter les discours d'opposition, il a de bonne foi engagé son honneur. Le flot est arrivé, l'a renversé, submergé, et il est devenu le jouet des colères. Nous ne parlons que des articles de la presse parisienne. Quelles listes nous pourrions dresser si nous voulions dépouiller les petits journaux de province ? Plus on se rapproche des électeurs, des comités qui les dirigent, et plus sont ardentes les passions contre les personnes. Aux dénonciations individuelles se joignent les dénonciations collectives. Des conseils municipaux s'assemblent pour juger les magistrats ; on met aux voix les révocations : on condamne tel président, on about tel juge. A Arles, le conseil d'arrondissement s'assemble et somme le ministre de renouveler le tribunal de Tarascon. A Châteauroux, un comité démocratique qui se réunit mensuellement, émet le vœu que tous les magistrats de ce tribunal soient remplacés dans le plus bref délai. Les adresses, les vœux, les délibérations prennent à la fois le chemin des journaux et de la chancellerie et servent à préparer les décrets au profit des influences électorales les plus infimes.

Comment, dira-t-on, les libéraux peuvent-ils se plaindre des vœux librement exprimés sur une question d'intérêt général ? Loin de commettre une usurpation, les organes naturels de l'opinion publique n'accomplissaient-ils pas un devoir en éclairant le gouvernement ?

Il y a deux systèmes pour la nomination des juges : l'élection par le peuple et le choix par le pouvoir. L'élection, toute mauvaise qu'elle soit, serait moins funeste qu'une désignation faite sur la recommandation des électeurs agités et médiocres qui remplissent les comités. Juge-t-on ce que peut produire un corps électoral composé d'avocats sans cause, d'anciens officiers ministériels qui ont dû vendre précipitamment leurs charges, de commerçants tarés qui espèrent retarder par un changement de régime la faillite qui les menace, et par-dessus tout de plaideurs irrités, réunis, non-seulement pour maudire, mais pour chasser leurs juges ? On préconise, ou mieux encore on déifie le suffrage universel. Vit-on jamais suffrage plus restreint, plus étroit que celui-ci ? Huit ou dix personnes parlent au nom d'une ville, condamnent les magistrats d'un arrondissement. A-t-on réfléchi à quelles passions ils obéissent ? Le juge qui, en une année, a rendu cent jugements civils, a certainement mécontenté cent plaideurs. A-t-il satisfait les cent adversaires ? Nullement ; celui qui gagne entièrement rend grâce de son succès à la justice de sa cause ; le tribunal en prononçant en sa faveur n'a fait que son devoir ; mais celui qui, tout en gagnant sur les points importants, succombe sur certains chefs (et le nombre de ces jugements est grand), sera souvent, aussi exaspéré que le perdant. Sur deux cents plaideurs il y a donc plus de cent cinquante mécontents et parmi le reste, on ne trouverait pas vingt-cinq plaideurs prêts à défendre leurs juges. Je défie aucun de ceux qui ont été mêlés à l'administration de la justice civile de contester ce fait. Si nous portons nos regards sur la justice criminelle, il est bien plus frappant. Là nous ne trouvons plus deux plaideurs, mais le prévenu et la société qui l'accuse. Lorsqu'il est condamné, lorsque plus tard il sort de prison, il est exaspéré contre ses juges ; sa famille partage ses haines. Qui défendra le juge ?

George Picot

Comment s'exprimera en sa faveur la société, cet être abstrait, que son jugement a protégé ? Qui parlera en son nom ? Contre lui s'agitent toutes les passions ; il n'a pour lui, en dehors du sentiment inné de la justice, que les forces d'une société organisée où tout est préparé pour le défendre.

Plus le gouvernement est régulier et plus doit être refoulée dans les âmes l'expression de ces colères. On peut mesurer la sagesse d'une société au respect dont le pouvoir entoure les magistrats. Dans une démocratie où les passions populaires s'expriment plus librement, il faut que le juge soit défendu par des lois plus sévères. Sous le despotisme, où la parole et la plume sont également esclaves, les moyens d'attaque manquent ; il est à peine besoin de protéger les magistrats. Tout au contraire, lorsque la presse est sans entraves, lorsque les assemblées du peuple retentissent de ses vœux librement exprimés, il faut que le magistrat soit défendu par une vigilance de tous les jours. S'il advient que la société soit ébranlée, si le désordre éclate, aussitôt les rancunes accumulées de la lie populaire s'échappent comme la lave du volcan, et on sait de quelles rages dans nos jours d'émotion populaire les magistrats tombent victimes.

Nous avons vu depuis un an cette émeute d'un nouveau genre. Le législateur, connaissant les passions que nous venons de décrire, s'est adressé à la foule ; il lui a promis six cent quatorze victimes et il a ouvert à un jour donné un concours entre les délateurs, promettant d'accorder une destitution à qui, de Dunkerque à Marseille, saurait accuser le plus haut. Comme en ces étranges carnavals du moyen âge, où la ville appartenait pendant douze heures à la folie, toutes les diffamations, tous les outrages envers les magistrats ont été déclarés licites. On a lâché la bride à toutes les attaques ; il n'est pas de passion qui n'ait eu libre carrière : tout a été permis. Quelle est l'institution, quels sont les hommes qui eussent résisté à un pareil assaut ? Pour repousser les assaillants, les magistrats ne faisaient appel à aucune des forces, ne se servaient d'aucune des armes de leurs adversaires. Les anciens parlements eussent mandé à leur barre les auteurs de libelles et de longues peines eussent été prononcées. De nos jours, l'action publique entre les mains du ministère était inerte. Nous n'avons donc pas assisté à un de ces combats singuliers où des forces équivalentes

Partie II

sont en présence ; mais à un duel où l'un des adversaires seulement était armé. Vivant dans la retraite, absorbés par les travaux de fonctions qu'ils aimaient, peu soucieux de l'opinion publique, lisant à peine les journaux, ne craignant pas l'impopularité, les magistrats trouvaient en eux-mêmes, dans la satisfaction intime de leur conscience, ce que ne peut supporter la foule, la récompense d'une vie consacrée à un labeur régulier et obscur. Troublés depuis 1879 par les bruits du dehors, ils avaient distingué les clameurs de l'émeute légale, mais n'avaient-ils pas entendu bien d'autres menaces ? Peu à peu les cris se sont rapprochés ; le péril est devenu imminent et le jour est arrivé où, comme l'a écrit un des journalistes amis de la chancellerie, on les a arrachés « du prétoire pour les jeter dans la rue. »

Nous avons énuméré les prétextes, nous avons vu les procédés dont on s'est servi. Il est temps d'examiner de plus près ce que sont les hommes qu'on a chassés de la sorte. Et d'abord, les dix premiers présidents ! Aucun d'eux n'était directement atteint par la loi. Dix mouvements ont été faits avec soin en vue de priver dix cours de leurs chefs. A-t-on l'excuse d'avoir frappé des magistrats improvisés, fruits secs de la politique, qu'un ministère inspiré par l'esprit de parti aurait eu l'imprudence de placer à la tête d'une cour ? Le plus jeune a vingt-un ans de service ; les autres trente-six ans. Le premier président de Riom est depuis quarante ans magistrat. Celui de Bastia porte la robe depuis 1840. Celui de Dijon a quitté volontairement la cour de cassation dont il était une des lumières, pour aller siéger dans la grande chambre du parlement de Bourgogne, où il a trouvé une autorité, une considération dignes du privilège de la cour suprême, qui l'eût sauvé de la destitution. A Bordeaux, comme à Douai, à Angers comme à Bourges, le premier président était le centre et le chef d'une tribu judiciaire, partageant son temps entre la famille et l'audience, vivant hors du monde pour la justice. En les remplaçant, on a atteint les compagnies tout entières. Si on voulait frapper au cœur, on a visé juste. Telle était la douleur des conseillers qu'en certaines cours, le second décret qui les a décimés six jours plus tard a causé moins de stupeur que *l'Officiel* du 6 septembre. Et cependant deux cent sept présidents et conseillers étaient éliminés du même coup ! Quelle que soit l'énormité de ce chiffre qui faisait peser sur le personnel des cours la plus grande partie des éliminations, il ne donne qu'une faible idée de ce qui s'est passé dans la réalité : à Chambéry, dix conseillers ; autant à, Orléans ; à Paris, où aucun magistrat n'était atteint par les réductions, dix conseillers, deux vice-présidents, huit juges ; en province, cent dix-sept présidents de tribunaux ; en quelques villes, on reconnaît la main des députés : à Valence, sur dix membres du tribunal, neuf sont frappés. Dans certaines cours, la statistique est frappante : quelques chiffres donneront idée de la désorganisation générale : à Angers, depuis quatre ans, le premier président, nommé par M. Dufaure, était demeuré étranger à la politique. Entouré d'une légitime autorité, il était l'objet des attaques les plus directes. La cour, sentant qu'il était menacé, s'est serrée tout entière autour de son chef. Consultez l'Almanach national. Rapprochez les listes de la cour à une année d'intervalle. Sur vingt-trois magistrats qui composaient la cour en décembre 1882, vous retrouverez en décembre 1883 deux noms anciens, vingt-un ont disparu : quatorze destitutions et sept remplacements se sont produits en une seule année.

Dans ces hécatombes, on n'a eu égard ni à la considération publique, cette première vertu du magistrat, ni au mérite reconnu, ni au passé. Les convictions religieuses ont été tenues presque partout pour le plus irrémissible des crimes ; on a pénétré dans le for intérieur pour faire du sentiment catholique un motif d'accusation. Les opinions politiques ont paru moins dangereuses que l'indépendance morale fondée sur la foi. On cite des bonapartistes avérés qui siègent encore dans des cours d'où ont été exclus tous les magistrats allant à la messe. Entre un ennemi de la république et un croyant la chancellerie n'a pas hésité à bannir l'homme de foi et à le tenir pour incapable de rendre la justice. En ce sens, le ministère s'est montré l'émule des conseillers municipaux : il a tenté de laïciser la magistrature.

Il a donc abaissé le niveau moral. La même œuvre a été accomplie pour l'intelligence, pour la capacité judiciaire. Si nous voulions prononcer des noms, la liste serait longue des magistrats de grand avenir qui depuis cinq ans ont été chassés des parquets. Parmi eux il y a des jurisconsultes éminents, des écrivains qui font honneur à la science de la législation : ils ont été exclus comme indignes. Il en restait dans les rangs de la magistrature assise : le flot les a atteints.

Partie II

Quel est le département où les sociétés savantes, les académies, les œuvres intellectuelles n'étaient pas animées par la présence de magistrats dont on signalait la collaboration et le dévouement ? Il semble qu'on ait chassé à dessein les plus actifs, sans prévoir que, par une telle conduite, le gouvernement s'aliénerait toute une clientèle intelligente qui, dans la vie des provinces, forme l'élite. Un comité composé de tous les magistrats, membres de l'Institut, avait été chargé par M. Dufaure de lire les travaux des magistrats pour les encourager. La chancellerie a cessé depuis quelques années de le réunir. Comment en eût-il été autrement ? Les auteurs les plus distingués étaient ceux que les passions politiques entendaient exclure les premiers. Entre l'indépendance d'esprit du jurisconsulte écrivain et les exigences de la haine il n'y avait pas à hésiter. Que penser d'un ministre de la justice qui chasse de son siège un jeune conseiller, plusieurs fois lauréat de l'Institut, un de ceux qui honoraient le plus leur robe, sans que, dans la ville où il était entouré de l'estime publique, on devine, je ne dirai pas la cause, mais le prétexte de sa révocation ?

Partout où un homme s'est élevé, les passions jalouses se sont attachées à sa perte. Un président de chambre avait été nommé par M. Dufaure. Sa vie absorbée par les devoirs du barreau, ses convictions politiques portaient le reflet des sentiments de l'ancien garde des sceaux. Magistrat depuis 1839, il avait refusé le serment en 1852, et il était demeuré pendant tout l'empire au premier rang du barreau : tout dévoué aux idées libérales, il avait accepté sous M. Thiers des fonctions judiciaires et n'avait pas tardé à prendre le premier rang dans une cour où il semblait destiné à occuper la plus haute place. Il a été destitué sans doute parce que sa présence eût été la condamnation du chef qu'on avait la hardiesse d'imposer à la compagnie ; peu de jours après, pour bien marquer qu'il n'y avait pas eu d'erreur, son fils et le beau-frère de son fils furent également chassés.

Il ne suffisait pas de frapper les opinions modérées qui représentaient, dans la personne des libéraux, l'esprit de la république conservatrice, telle que la voulaient M. Thiers et M. Dufaure. Il fallait faire un pas de plus et plaire non seulement aux opportunistes, mais aux purs radicaux. En certaines villes, on rencontrait dans les rangs de la magistrature des hommes qui

George Picot

avaient traversé noblement nos épreuves de 1870. Jetés dans les prisons par l'émeute qui s'était emparée d'une de nos grandes villes, ils avaient échappé à la mort, et, sur le siège où ils étaient remontés, ils avaient été l'honneur de la cour. L'un d'eux survivait et telles étaient ses lumières qu'on en parlait à l'égal de son caractère et de ses vertus. En vérité, il y avait là une victime de choix et on conçoit que la chancellerie ait voulu la livrer en otage aux anarchistes de Lyon. Partout où elle en a trouvé de semblables, l'œuvre a, d'ailleurs, été poursuivie avec une remarquable unité.

Il semble qu'on ait eu dessein d'exclure tous ceux qui avaient montré quelque dévouement à la patrie. Dans une cour siégeaient trois magistrats qui avaient pris part spontanément à la défense du territoire envahi, s'étant engagés sans y être forcés sous les drapeaux, allant se battre au premier rang, et revenant porter la robe du magistrat, sur laquelle on voyait briller une croix dont leurs collègues étaient fiers de raconter l'origine. Tous les trois ont été renvoyés le même jour de cette cour qu'ils honoraient.

Mais pourquoi s'étonner de ces lamentables désignations ? La haine a fait tout oublier, tout, jusqu'au patriotisme. Lorsqu'en 1871 la France s'est relevée et qu'elle a cherché à panser ses blessures, elle a vu venir à elle des provinces qu'elle avait perdus, des magistrats ayant fait partie des ressorts des cours de Colmar et de Metz. A ceux qui étaient originaires des contrées de l'Est les Allemands avaient fait les propositions les plus séduisantes ; ni l'avancement, ni les perspectives de l'ambition satisfaite n'avaient pu séduire ces vrais Français. Ils revinrent tous vers nous. Le gouvernement de 1871 comprit toute l'étendue de son devoir. Quel est le candidat demandant alors à entrer dans la carrière judiciaire qui ne s'inclinait pas lorsque M. Dufaure lui répondait : « Laissez passer les magistrats d'Alsace-Lorraine ? » La France, qui avait gardé leur cœur, lui ouvrit les rangs de sa magistrature. Entre elle et eux il se fit un contrat scellé par l'ineffaçable mémoire de nos désastres. Aussi de quelle vénération entourait-on ces Alsaciens dans les cours où ils étaient l'image vivante de nos épreuves et le lien avec ces vieilles familles qui conservaient là-bas, derrière les Vosges, leur attachement à la patrie française ! Ni ces souvenirs ni ces espérances ne les ont protégés. Accusés de cléricalisme, les Alsaciens catholiques ont été chassés, comme si à leur égard une double inamovibilité n'avait pas protégé leur caractère de magistrat.

On serait tenté de croire que les inspirateurs de M. Martin-Feuillée ont ignoré ce qui s'est passé il y a quatorze ans sur la terre de France. Quel est celui qui, ayant su en 1870 la conduite des magistrats de Lorraine, a pu l'oublier ? Nous ne rappellerons que deux faits : un président du tribunal de Vicq est mandé par le préfet prussien qui veut lui interdire de rendre la justice au nom de la république. Le président résiste, déclare qu'il ne reconnaît d'autre gouvernement que celui de la France. Il est menacé, puis expulsé, avec défense de siéger sous peine d'incarcération dans une forteresse. Plus tard, appelé à Nancy, chargé de l'instruction qu'il fit avec éclat du procès de Bazaine, il fut nommé vice-président. Voilà l'homme qui est révoqué ! Et pourquoi ? Parce qu'il a des habitudes religieuses. Le procureur-général à la cour de Nancy avait été le premier en butte à ces attaques. Lui aussi, lui surtout, avait résisté aux menaces et refusé, dans une lettre demeurée célèbre, de concourir à l'administration de la justice au nom d'une puissance étrangère. « Ma réponse, ajoutait-il simplement au commandant prussien, ne saurait vous étonner. Quelle que soit leur nationalité, les hommes d'honneur n'ont qu'une manière d'apprécier leur devoir envers leur pays. » Que le commandant prussien n'ait pas compris cette dignité de langage, qu'il ait choisi le signataire de la lettre comme otage pour le faire monter le premier, en plein hiver, au risque de sa vie, sur les locomotives des trains militaires qu'il s'agissait de protéger, cela se conçoit et nul ne sera surpris que les Allemands aient mis un tel Français au premier rang ; mais qu'un ministre de la justice, trouvant à la tête de la cour de Bordeaux le magistrat dont la ville de Nancy a gardé le souvenir, le chasse comme un sous-préfet qui aurait démérité, voilà ce que nul ne pourra excuser ni comprendre.

Oui, vous deviez exécuter la loi, puisque vous aviez eu le courage de la faire voter, mais il y avait des magistrats dont il fallait tenir la personne pour sacrée : le patriotisme le commandait. En les frappant, on a méconnu ce qu'on devait à nos meilleurs citoyens, ce qu'on devait à la France.

Qu'on le remarque, ce ne sont pas de simples admissions à la retraite qui ont été prononcées par décret, ce sont des mesures pénales, emportant avec elles le caractère d'un châtiment. Non-seulement les magistrats sont forcés de descendre de leurs sièges, mais tout lien entre eux et la magistrature est rompu. L'honorariat, qui laisse après la retraite le conseiller sur les listes de la cour, qui le rattache à ses assemblées générales, a été refusé aux six cent quatorze magistrats exclus. Aucun d'eux n'a été jugé digne du titre. C'eût été la tradition, il fallait la briser.

Un usage qui remonte à plusieurs siècles veut qu'aux audiences solennelles, les magistrats que l'âge ou la mort avaient séparés de la compagnie reçussent un public hommage. Seuls, les indignes en étaient privés. Le silence gardé sur leur nom était pour tous leurs collègues et pour les avocats présents à la barre le signe du déshonneur. M. Martin-Feuillée n'a pas hésité : il a assimilé ceux qu'il éliminait à des magistrats indignes, essayant par-là de les flétrir, car il n'a pu se faire illusion au point d'imaginer que par de tels moyens il les ferait oublier. Défense a donc était faite à tous les magistrats de France de parler dans les discours de rentrée de ceux que le bon plaisir de la chancellerie avait exclus. Tant il est vrai qu'on ne peut entrer dans une voie fausse et commettre certains actes sans arriver par une pente fatale jusqu'à ordonner des iniquités qu'un jour on rougira d'avoir prescrites [1] !

Nous avons parlé longuement des victimes. Des magistrats qui leur ont succédé sans les remplacer nous ne dirons rien. Ils constituent aujourd'hui la justice réglée du pays ; cela seul suffit à nos yeux pour commander le respect et nous imposer au moins le silence. La plupart appartenaient à la magistrature ; on assure que l'influence de l'esprit de corps est telle en certaines compagnies qu'il se produit chez quelques-uns des nouveau-venus une réaction inattendue et que, protégés par l'inamovibilité, ils pourraient bien causer à la chancellerie quelques déconvenues en votant encore l'an prochain des messes du Saint-Esprit malgré les circulaires. Mais ce seront là des exceptions. La masse de la magistrature sera descendue de plusieurs degrés ; les mœurs se seront modifiées. Elle aura accepté de nouvelles alliances et subides voisinages compromettants.[2] Instrument dans la lutte des partis, elle sera

---

1 Il faut lire la discussion qui a eu lieu au sénat le 26 décembre, pour se rendre compte de la légèreté inouïe avec laquelle les exclusions et les nominations ont été décidées. M. Denormandie a accumulé les faits les plus précis, et, dans sa réponse, M. Martin-Feuillée n'a pas osé mettre en doute l'exactitude d'une seule assertion.
2 M. Devic, *député d'Espalion*, vient d'être nommé président du tribunal d'Espalion, par décret du 23 février 1884. Ce fait, qui a soulevé de nombreuses protes-

peut-être, appelée à rendre des services électoraux, mais elle cessera d'être un appui solide pour les forces vives de la société. En matière civile, en matière commerciale, elle n'aura plus, dans les petits tribunaux, cette impartialité solide qui faisait l'honneur de la robe et la sécurité des conventions. Déjà un mal inconnu se glisse depuis quelques mois dans les affaires : les recommandations, les lettres de députés, les sollicitations d'agents influents commencent à jouer un rôle dans les calculs des plaideurs ; on suppute les chances, on pèse les influences. Le barreau assiste à ces intrigues dont les premiers pas encore mal assurés l'effraient.

Les avocats sont en France les juges des juges. Ce sont eux qui font les réputations, qui mesurent à leur juste valeur la capacité des magistrats. Les barreaux ont de tout temps appartenu à l'opposition libérale. Ils n'ont été d'accord avec le gouvernement en ce siècle que deux fois : pendant la plus grande partie du règne de Louis-Philippe et pendant la première période de la république actuelle. Sous tous les autres régimes, le barreau n'a cessé d'appartenir à l'opposition de gauche. Les fautes du gouvernement actuel (et c'est un symptôme grave !) l'ont pour la première fois, en 1880, fait passer à droite. Le revirement s'est produit à la fois, dans presque tous les barreaux, sous le coup de l'exécution violente des décrets.

Les avocats, appuyés sur les privilèges de leur ordre demeureront contre l'intrigue les gardiens vigilants de la justice. L'ordre des avocats est déjà suspect aux jalousies démocratiques : elles, feront sans doute un effort contre lui. Elles ne lui pardonneront pas que les magistrats, à peine descendus de leurs sièges, aient été dans la plupart des villes élus comme membres du conseil ou acclamés en qualité de bâtonniers. A l'heure où nous parlons, un grand nombre de présidents sont devenus les chefs de l'ordre. En beaucoup de villes, le jour de la rentrée, les avocats ont été en corps visiter l'ancien premier président, et il n'est sorte d'hommage que les barreaux ne se soient plu à rendre à l'ancienne justice. Cette disposition des avocats est un fait d'une importance exceptionnelle ». Il pourra

---

tations, est l'application du système d'élections indirectes. Rien n'est plus funeste, soit que l'on considère la bonne administration de la justice dans un arrondissement où, en 1881, après une lutte des plus vives, le nouveau président n'a pas réuni la moitié des voix de ses justiciables (7,179 sur 16,765), soit que l'on songe aux facilités que peuvent fournir aux ministres en quête d'une majorité des promesses de nomination réalisables au cours d'une législature.

George Picot

développer le nombre des arbitrages, signe assuré de la défiance envers les tribunaux, C'est d'ailleurs le symptôme de l'état véritable de la bourgeoisie. Nous apprenons par là ce que pense la France, partout où elle réfléchit.

Pour nous, il nous est impossible de voir ce que le gouvernement a gagné à la loi du 30 août 1883. Il a mécontenté toutes les familles qui tiennent de près ou de loin à la justice. Il a satisfait des haines dont le caractère est de devenir plus exigeantes à mesure qu'on leur cède ; il n'a sacrifié qu'une partie de la magistrature, et déjà on lui demande le reste. Pendant ce temps, les journaux anarchistes, qui ont obtenu en cinq ans l'amnistie totale, la guerre antireligieuse et l'exclusion de la plus grande partie de la magistrature, redoublent de violence. Avec une science infernale, ils multiplient les incidents de personnes, les scandales vrais ou faux pour ameuter contre les prêtres, les religieuses et les officiers les haines populaires. La politique du scandale remplit leurs colonnes. Quel profit le gouvernement a-t-il trouvé à être pendant un an le complice de ces ennemis de tout ordre social ? Leur calcul est évident. En affaiblissant la magistrature, ils rêvent d'anéantir les lois. Grâce à Dieu, la cour de cassation leur a échappé, un grand nombre de sièges sont jusqu'ici à l'abri de la contagion ; mais qui peut assurer que certains tribunaux ne leur appartiennent pas ? que certaines cours ne soient pas atteintes ? Et l'action publique, a-t-elle conservé toute son énergie ? L'impulsion se fait-elle sentir ? Nos regards ne sont-ils pas blessés chaque jour par des publications, des dessins qu'une société réglée ne devrait pas tolérer ? La sécurité publique est-elle suffisamment protégée ? La police rurale s'exerce-t-elle avec vigilance ? Quand un intérêt privé est en conflit avec un intérêt électoral, le magistrat se sent-il indépendant ?

Voilà les points sensibles, les sujets principaux sur lesquels les méditations d'un gouvernement soucieux de lutter contre les progrès croissants du jacobinisme devraient se porter.

La démocratie est le pire des régimes ou le plus grand des stimulants suivant qu'un pouvoir se met à la suite des passions de la foule, attend d'elle l'initiative et subit en esclave les injonctions et le despotisme de ses fantaisies, ou qu'il se met au-dessus des caprices pour deviner les grands intérêts du peuple, les prévoir, les étudier, les soumettre à la libre discussion et les réaliser au profit

Partie II

de la prospérité générale. Malheur aux gouvernants qui, voulant flatter les instincts de la basse démocratie, lui donnent à dévorer successivement le clergé, la magistrature et l'armée !

Pour des politiques sages et hardis, pour de vrais libéraux, il y aurait, à l'heure présente, de grandes lois de réformes à soumettre aux chambres. Tous ceux qui, en notre pays, ont souci de la justice, quels que soient leur origine et leur parti, s'accordent depuis longtemps à reconnaître que, loin de multiplier les épurations, il faut protéger plus efficacement l'indépendance des magistrats en entourant de garanties le choix des juges et en refrénant l'arbitraire ministériel. Tous ceux qui étudient en quel sens se développent les gouvernements modernes et qui s'effraient de l'instabilité des pouvoirs soumis aux caprices de l'élection croient nécessaire de placer le pouvoir judiciaire assez haut et sur un piédestal assez ferme pour qu'il devienne le frein des démocraties et l'arbitre de leurs passions. L'esprit de parti corrompt la justice, tandis que les partisans sincères d'un régime libre devraient s'appliquer, au contraire, à la constituer comme le pivot sur lequel doit reposer l'équilibre d'une république. Si nos hommes politiques étaient capables d'embrasser une pareille tâche, si leurs vues étaient moins courtes et leur ambition moins étroite, ils jetteraient les yeux autour d'eux et mesureraient les besoins nouveaux de la société.

Quand on considéra la cherté de nos frais de justice, les complications d'une procédure civile vieillie, le retard des rôles, la lenteur des solutions, qu'on jette un coup d'œil sur les transformations de la propriété depuis le commencement de ce siècle, lorsqu'après avoir calculé la multiplicité toujours croissante des relations avec l'étranger, on se reporte vers le droit international privé, qu'on voit les efforts de la plupart des nations voisines pour simplifier les rouages et donner aux affaires dans l'ordre judiciaire, aussi bien que dans la sphère des intérêts économiques, cet élan que les progrès de la science et des transports ont imprimé à notre civilisation, quand on rapproche la stérilité de nos chambres et de notre conseil d'état de la fécondité laborieuse des parlements d'Angleterre et de Belgique, d'Autriche, de Suisse et d'Italie, faisant accomplir de grands progrès au droit commercial, au droit administratif et à certaines parties du droit civil, qu'on mesure les pas en avant de ces législations si longtemps en retard sur la nôtre

George Picot

et qui maintenant se vantent de la devancer, quand on écoute les grandes discussions qui nous viennent de l'étranger et que partout on entend les orateurs admirer la vieille renommée des tribunaux français, leur forte constitution et l'impartialité reconnue de leur justice, on se dit en vérité que, pour la fortune de la France, son honneur et sa prospérité, nos législateurs avaient autre chose à faire qu'une loi de vengeance.

Partie II

ISBN : 978-1539358886

www.ingramcontent.com/pod-product-compliance
Lightning Source LLC
Chambersburg PA
CBHW070339190526
45169CB00005B/1971